Aa

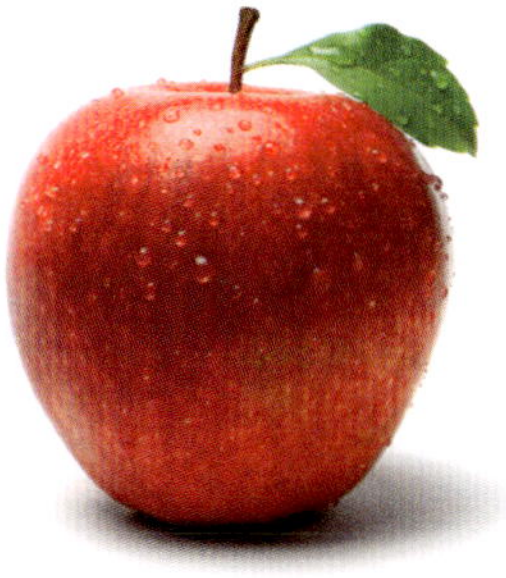

Ransom

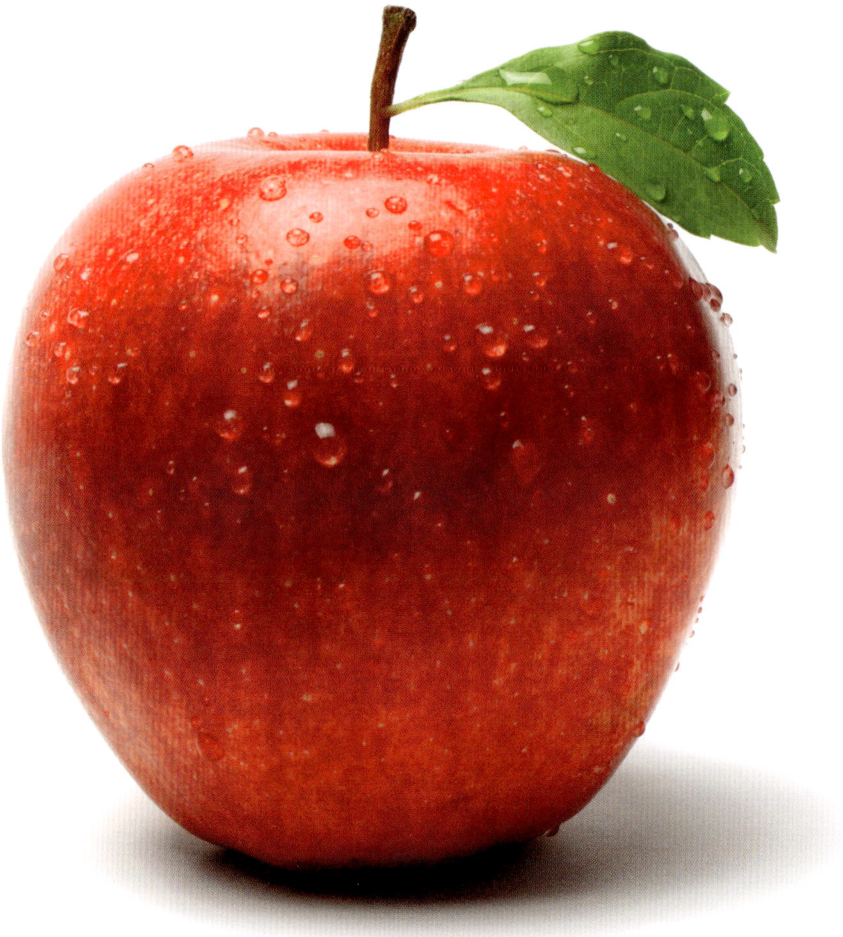

apple

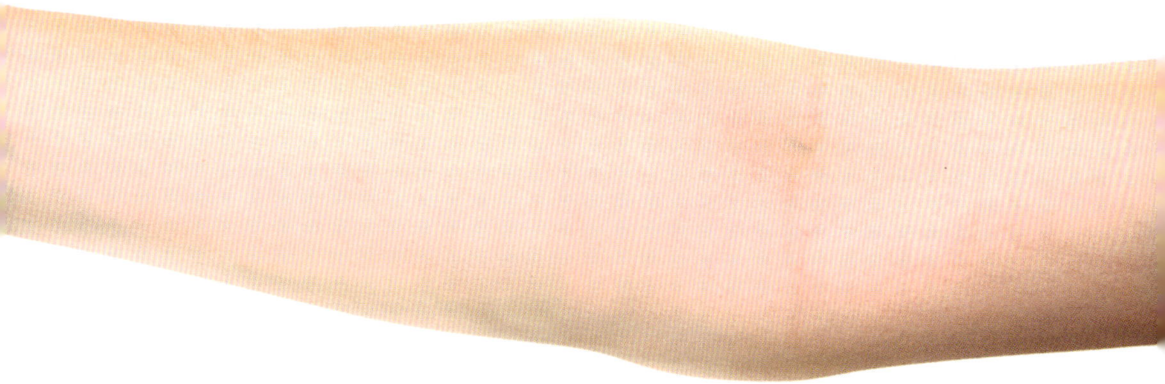

arm

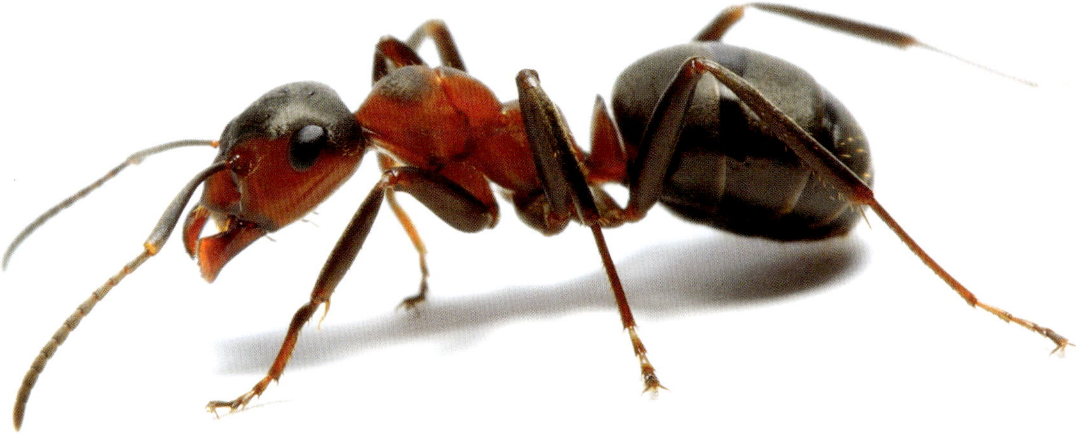

ant

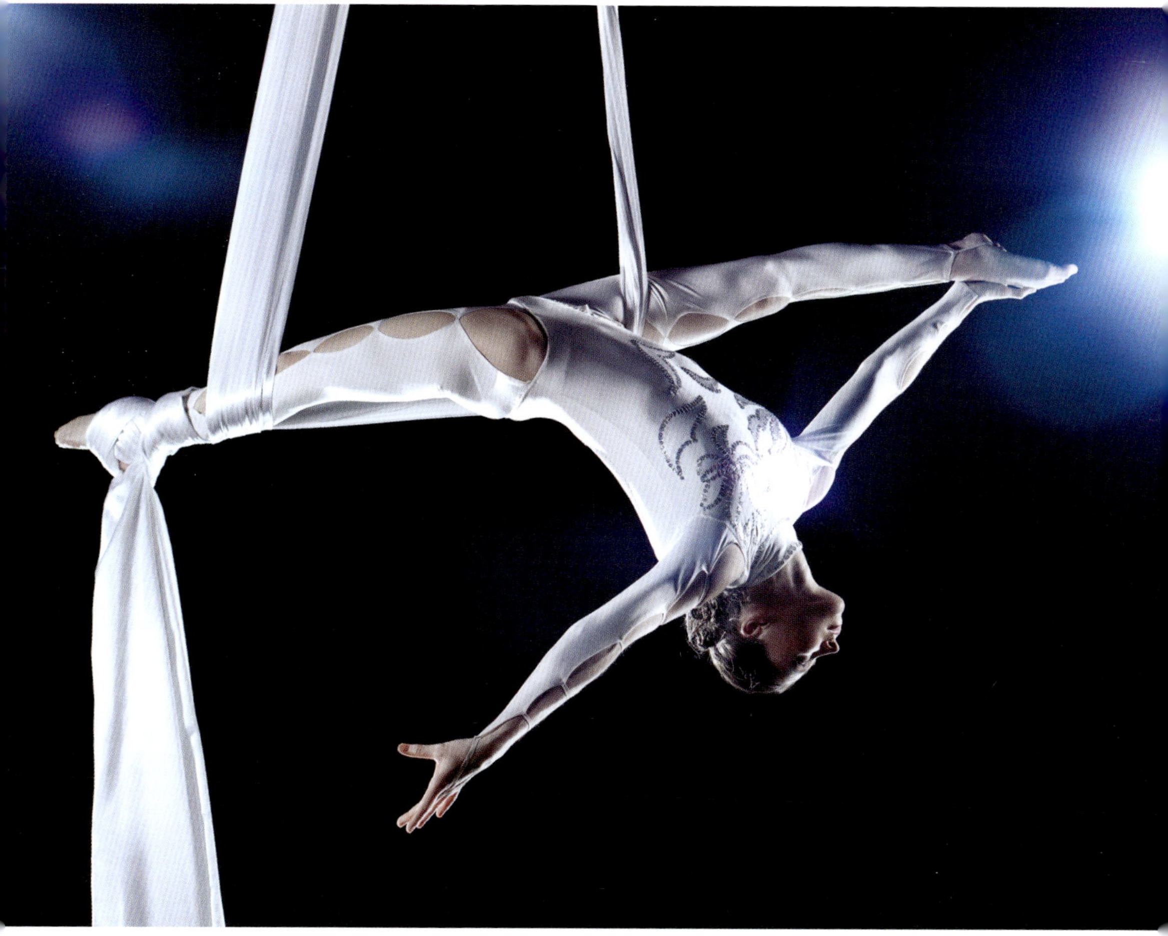

acrobat

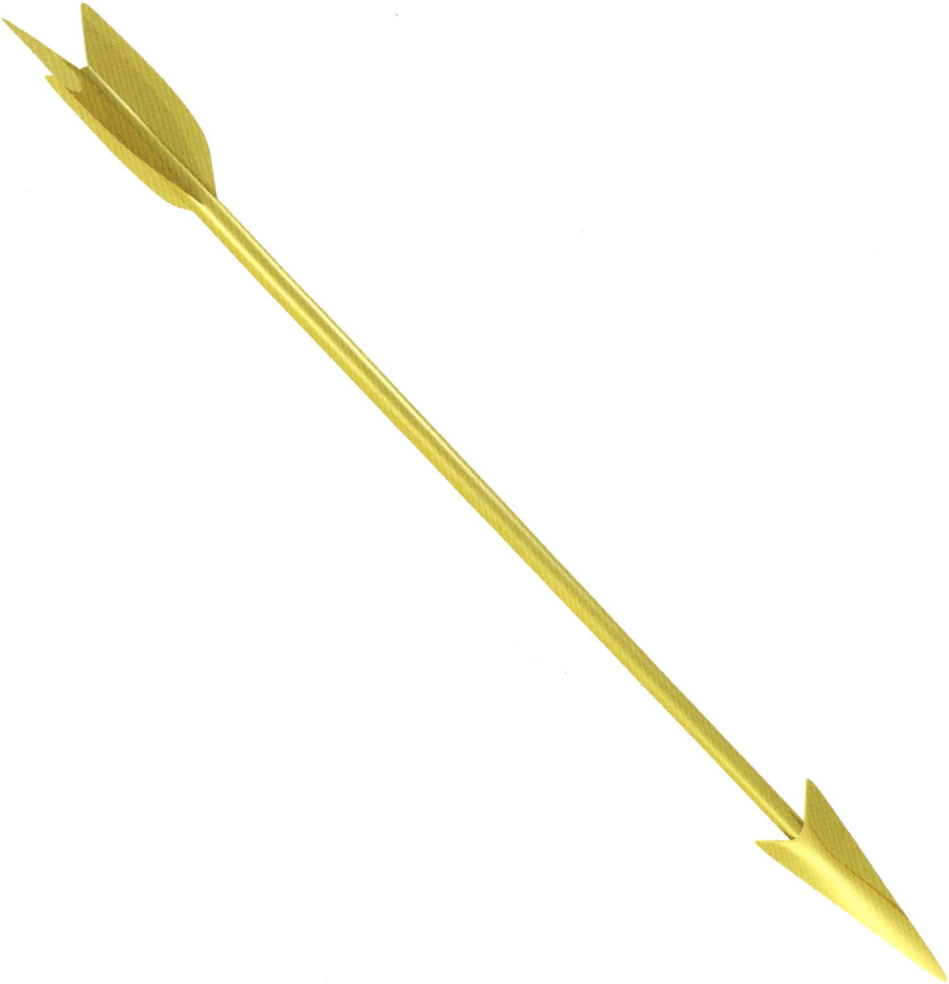

arrow

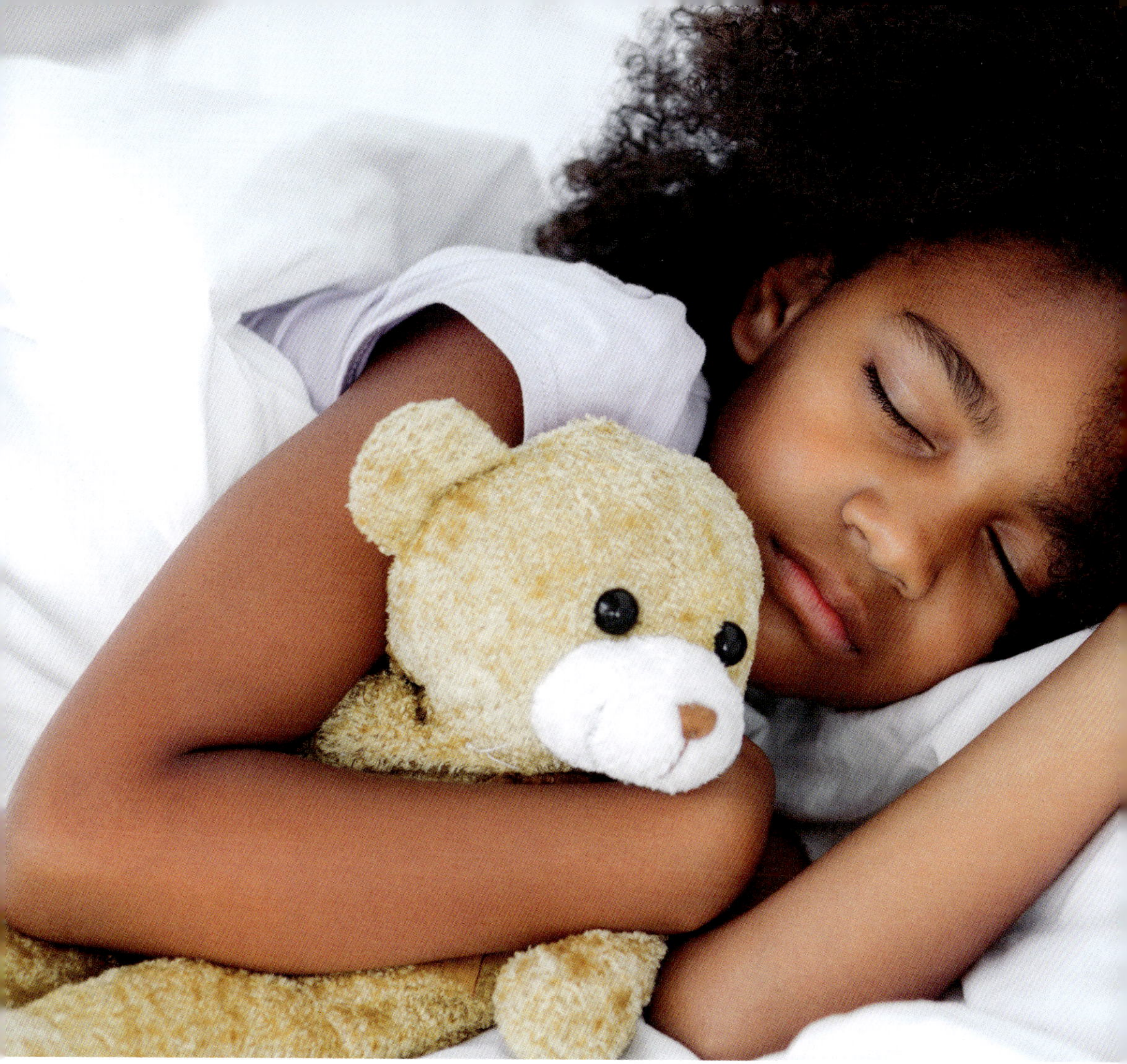

asleep

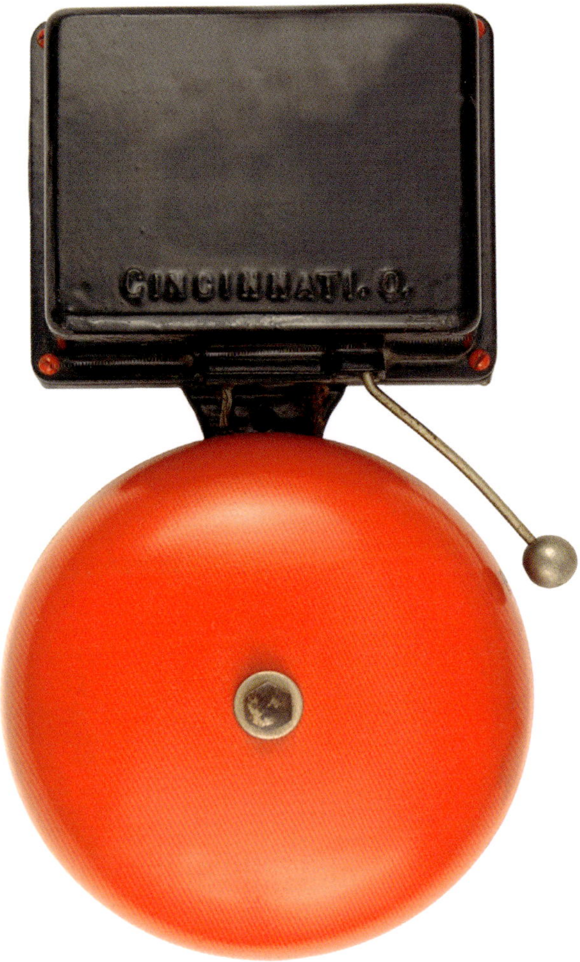

alarm

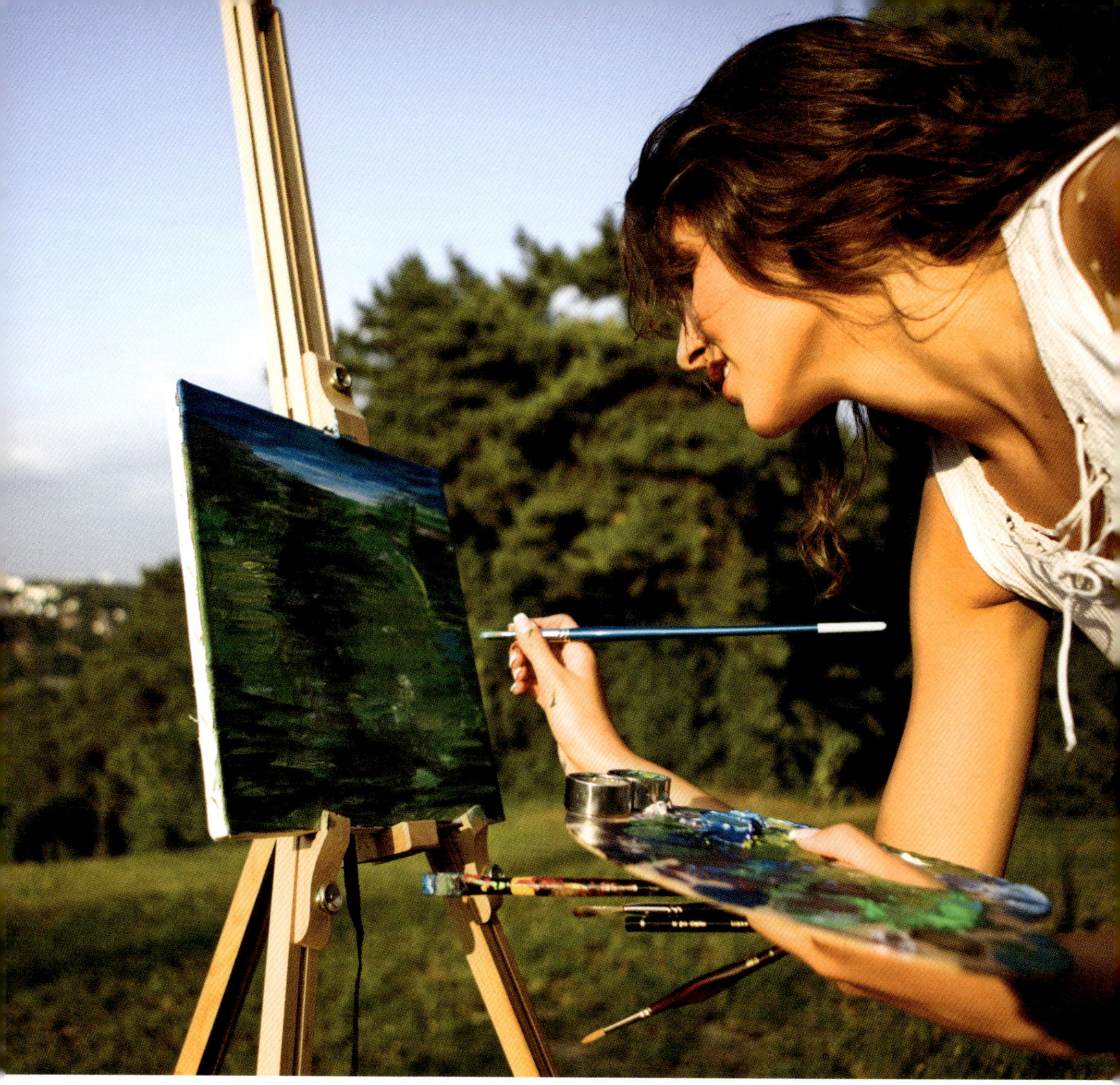

artist

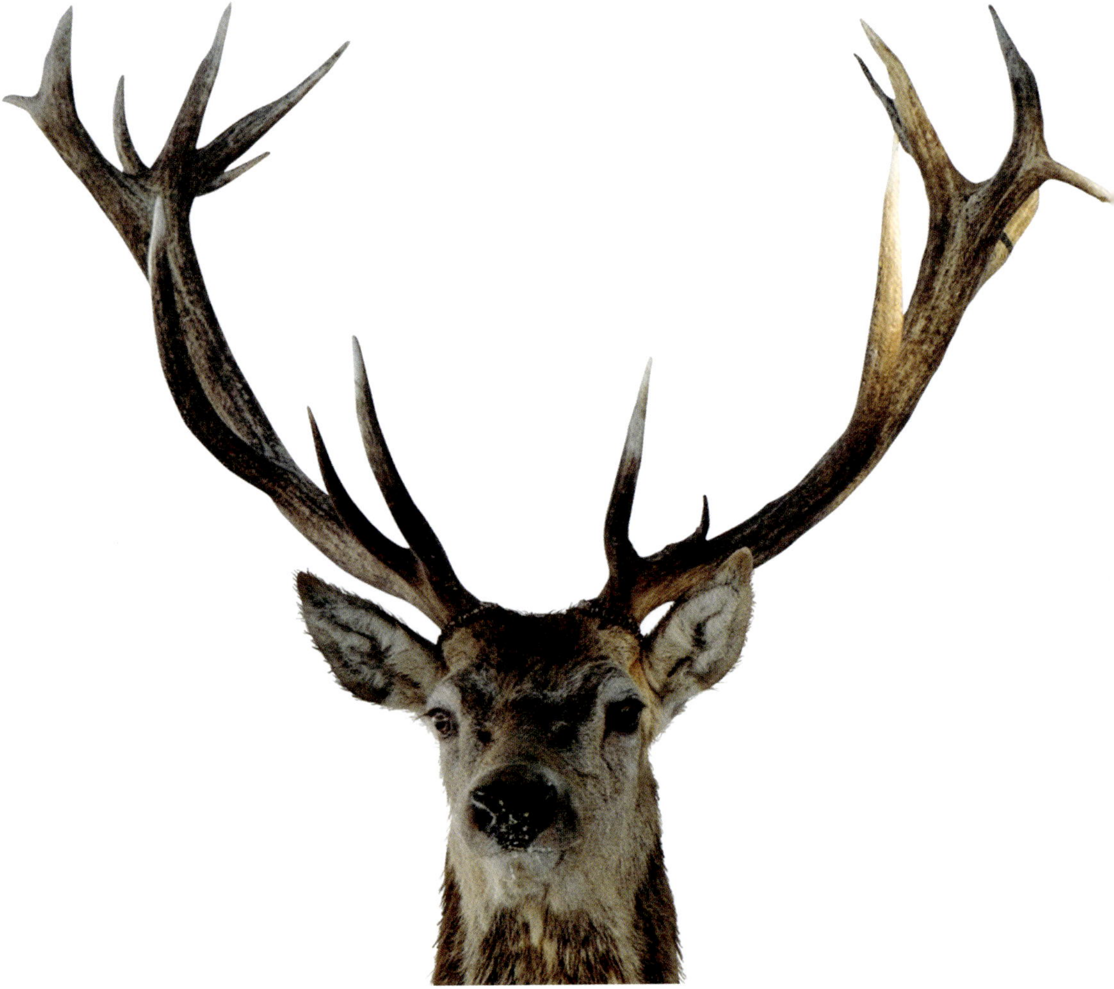

a a a a

a a a a

Aa

apple

arm

ant

acrobat

arrow

asleep

alarm

artist